AUG 1 8 2006

scripto

LANGUAGES, LIT/FICTION DIVISION
HAMILTON PUBLIC LIBRARY
55 YORK BLVD.
HAMILTON, ONTARIO
L8R 3K1

Philippe Delerm

Gallimard

«Montre-moi ton autre chemin»
Jean-Jacques Goldman

© Éditions Gallimard Jeunesse, 2005, pour le texte

. 1

– C'est incroyable comme vous êtes immatures !
Pas antipathiques. Mais fatigants.

Puis, après un instant de réflexion, Mlle Vernier repousse ses petites lunettes en haut de son nez, et elle ajoute :

– Chaque année, on dirait que les 3e rajeunissent. Quand j'ai commencé à enseigner – non, pas au temps des dinosaures, Aurélien, mais il y a exactement six ans – on m'a dit que les classes de 3e étaient plutôt du genre coincé, adolescents timides en train de s'épier les uns les autres, et qui n'essaient pas de parler. Eh bien, quand je vous vois !

Je n'aime pas trop ce genre de discours. Pas très

agréable de s'entendre juger comme ça, en bloc. Bien sûr, pour Vernier, nous sommes les 3e C, mais qu'est-ce que ça veut dire ? Les profs n'arrêtent pas de faire des comparaisons, du genre : « Je viens d'avoir les 3e B, aucun rapport avec vous ! »

– Ils sont meilleurs que nous, mademoiselle ? questionne au premier rang Justine Godard avec sa petite voix flûtée, son ton à la fois niais et insolent.

Mais comme elle met les formes, avec « mademoiselle » au bout de la phrase, la prof se croit obligée de lui répondre, en s'agaçant un peu :

– Mais non, pas meilleurs ou moins bons. Je n'ai pas envie de toujours évaluer votre niveau scolaire, mais de vous considérer comme des êtres humains, avec votre personnalité.

Je crois que Mlle Vernier se fait des illusions. Ce n'est pas parce que toute la classe, ou presque, veut participer quand il y a un billet d'humeur qu'elle va connaître notre vraie personnalité. D'ailleurs, je ne sais pas trop moi-même si j'ai une vraie personnalité.

Les billets d'humeur, en revanche, ça nous a plu tout de suite. Au départ, ça devait prendre cinq minutes à la fin de chaque cours de français. Un élève parlerait, sans notes, à propos d'un sujet d'actualité ou d'un problème sur lequel il avait envie de réagir.

– Vous avez l'argumentation au programme cette année, ça tombe bien. Et puis s'exprimer correctement à l'oral, cela fait partie du cours aussi, et c'est très important dans la vie.

Ça, on sentait bien que la prof le disait pour se justifier, et qu'elle l'aurait sans doute proposé même si l'argumentation n'était pas au programme.

Au début, personne ne voulait se lancer, mais Stéphane Lannier a levé la main, un mardi après-midi. Il a évoqué les règlements trop stricts de la vie au collège, le fait qu'il n'y avait aucune différence entre les 6e et les 3e et que c'était idiot, que si on voulait faire de nous des citoyens, comme on nous le disait toujours en éducation civique, il faudrait peut-être nous confier des responsabilités.

Là, Mlle Vernier a été un peu dépassée par le succès de son initiative. Tout le monde voulait donner son avis, même après la sonnerie du cours – surtout après la sonnerie du cours, car personne n'était pressé d'aller en Physique, à part ceux qui voulaient y terminer leur devoir d'Histoire. Elle nous a dit qu'elle nous redonnerait la parole au cours de Français suivant. Cette fois, la discussion n'a pas duré cinq minutes, mais une demi-heure – nous sommes très forts pour ce genre de sport. Il y a ceux que ça intéresse vraiment – plus que le cours habituel, en tout cas – et puis tous les autres, qui veulent simplement gagner du temps. La prof a dû changer les règles du jeu : désormais nous aurions une demi-heure, mais une seule fois par semaine, pour le billet d'humeur suivi des réactions. Nous avons connu des moments épiques, comme quand Armance N'Diallo, une fille nouvelle au collège, originaire du Cameroun, mais qui vient du 93, est venue expliquer pourquoi elle désirait rester vierge jusqu'au jour de son mariage. Dans la classe, il y a deux filles, Cindy Bellier et

Déborah Fontaine, qui vivent déjà avec un petit copain, alors vous imaginez la scène. Vernier a eu du mal à calmer les esprits. Mais en même temps, on sent qu'elle aime ça, des moments où il se passe quelque chose. Elle nous dit parfois :
— Je suis sûre que dans les couloirs, dans la cour, vous n'osez pas vous livrer de la même manière.

Et c'est vrai. En fait, moi, j'ai quand même quelqu'un avec qui parler. Antoine est dans la même classe que moi depuis le CP, et au fil des années nous sommes devenus très proches. Quand il est arrivé au collège Nicolas-Poussin, nous avons eu la chance d'être dans la même 6e, et depuis nous sommes restés ensemble. Nos familles sont complètement différentes, et c'est peut-être aussi ce qui nous rapproche. Antoine envie ce qu'il appelle ma liberté. Et moi je donnerais cher certains jours pour avoir une vraie famille unie, comme la sienne. Mes parents sont séparés depuis dix ans. Mon père vit à Montauban, dans le Tarn-et-Garonne. J'y vais un mois pendant les grandes vacances, une semaine à Pâques et à Noël, parfois à la Toussaint. Il a eu des jumeaux, Alexandre et Charles, avec Françoise, sa compagne. Le reste du temps, je vis à Rouen avec ma mère, son ami Laurent et leur petite fille Camille, cinq ans. J'aime beaucoup ma demi-sœur, elle est adorable avec ses yeux d'écureuil, ses petites dents de lapin, ses réflexions très drôles. Je n'ai pas de mauvais rapports avec mes parents mais, depuis cette année surtout, je sens une certaine gêne de leur part vis-à-vis de moi. J'étais leur fils unique quand ils étaient ensemble, et je leur rappelle sans doute quelque chose qu'ils ont raté, qu'ils regrettent peut-être quelquefois, dont ils ont un vague remords, en tout cas. Tous les deux me parlent avec une grande douceur, souvent sur un ton grave, et je me dis que ça leur semblerait un peu drôle, s'ils savaient à quel point ils se comportent avec moi de la même manière. Même pour mes résultats scolaires – je suis assez nul en Allemand et en Techno depuis l'an dernier – ils n'osent pas se montrer trop durs. Antoine trouve que j'ai de la chance, mais cette absence de sévérité fait un peu comme un vide.

Il faut dire que, chez Antoine, ça ne rigole pas vraiment à ce niveau-là. Il a des résultats convenables partout, mais son frère et sa sœur sont des flèches – sa sœur est en prépa à Henri-IV, et son frère en terminale S. À part ça, l'ambiance est sympa chez lui. J'y vais souvent, après les cours. Les Desmonts ont une maison avec un jardin au-dessus de la gare. Je suis bien adopté, presque trop, quelquefois. Je suis celui-qui-vient-trouver-ici-une-harmonie-qu'il-ne-doit-pas-avoir-chez-lui. Mais bon. On bosse avec Antoine, on joue au Subuteo, et puis on écoute de la musique dans sa chambre en discutant. Je lui parle de Sylvie Florent.

. 2

C'est pendant les vacances d'automne que je me suis rendu compte que j'étais amoureux de Sylvie. Il faisait très beau à Montauban, beaucoup plus qu'en Normandie. En fait, là-bas, c'était juste la fin de l'été, une fin très douce avec une espèce de mollesse dans l'air sur les briques roses, les troncs écaillés des platanes. Françoise a essayé de me mettre à l'aise :

– On prend les repas ensemble, bien sûr. Le reste du temps, si tu as envie d'aller quelque part je peux t'y conduire sans problème, sinon, tu es libre. À ton âge… Moi, je dois m'occuper des jumeaux.

Comme souvent, je me suis un peu emmêlé les pieds dans le tapis. Je préférais me balader seul ou bouquiner – depuis longtemps j'aime la solitude – mais j'ai eu l'impression que Françoise serait vexée si je n'évoquais pas une balade en commun. J'ai puisé dans mes souvenirs, et j'ai dit que j'irais bien faire un tour au château de Bruniquel.

Dès le lendemain, le monospace familial conduit par Françoise – mon père avait un boulot fou, comme d'habitude – nous emmenait pour une excursion redoutable. Les jumeaux étaient plutôt sympa, avec leur petite bouille ronde, leurs cheveux frisés, leurs lunettes cerclées de noir, mais ils avaient neuf ans. Pendant le trajet, ils ne pipèrent pas mot, concentrés sur leur Game-boy. Arrivés à Bruniquel, ils m'interrogèrent sur Harry Potter, mais cela faisait longtemps que je ne m'intéressais plus à ce genre de bouquins, et je ne fus pas très bavard. Alors ils commencèrent à s'éloigner en se bourrant de coups de poing, se poursuivant à tour de rôle avec des cris suraigus. Françoise lançait de temps en temps un « Arrêtez un peu de faire les fous ! » sans conviction, qui semblait davantage s'adresser aux rares visiteurs croisés qu'à ses enfants. Malgré sa gentillesse, cette journée sombra vite dans un pesant ennui. Elle m'interrogeait sur le collège, sur mes projets d'avenir, et, malgré ses efforts, la conversation tournait court au bout de quelques phrases. Le déjeuner au restaurant fut désespérément lent. Après quelques errances assez pitoyables en début d'après-midi, tout le monde fut heureux de reprendre tôt le chemin de Montauban. Le soir, sous le feu roulant des questions de mon père, le récit de la journée fut considérablement enjolivé. Mais chacun se sentit soulagé d'envisager pour la suite un programme moins convivial et plus conforme à ses désirs.

Je ne connaissais pas vraiment mon père. Les souvenirs de ma petite enfance étaient bien vagues. Je revoyais juste un soir à la Foire Saint-Romain, en haut de la grande roue, la Seine en bas, les lumières partout autour, et moi, effrayé et ravi, blotti contre le cuir de son blouson. Après son départ dans le Midi, je n'avais connu avec lui que des vacances, des parties de tennis matinales, certes complices, mais le dialogue amorcé avant, après, tournait invariablement autour du sport, par pudeur ou par maladresse.

Le lendemain après-midi, Françoise emmena les jumeaux faire de l'équitation. Je prétextai une rédaction à rendre pour la rentrée, pas mécontent de me retrouver seul dans la maison qui me plaisait – de toute façon, tu as les clés. Tu peux même travailler dans le bureau de Michel, si tu veux.

Le bureau de Michel. Une grande pièce sombre tapissée de bouquins dont l'unique fenêtre donnait sur le Pont-Vieux, le Tarn. Partout des plans, des maquettes – mon père était architecte. Son agence se trouvait à présent dans le quartier Villebourbon, mais il avait laissé chez lui toutes ces traces d'une création passée, et je pouvais retrouver là un trait de mon caractère, dans le désir de tout garder.

Pourquoi me sentir si bien, dans la vieille demeure désertée par tous ses occupants ? Le sujet de la rédaction – Imaginez que vous êtes un poilu de 14-18 et écrivez une lettre à votre famille ou à votre fiancée – ne me déplaisait pas, mais je demeurai longtemps à suçoter mon Pilot, les yeux perdus dans le vague, installé au bureau, les coudes appuyés sur la moleskine verte. Quand je me retrouvais en présence de mon père, nous n'arrivions pas à communiquer vraiment – les silences, les séparations anciennes pesaient trop lourd, étouffaient le présent. Mais là, dans le simple fait d'investir son univers, de tournicoter sur son fauteuil, de regarder en rêvassant le même bout de pont découpé par la fenêtre, j'avais l'impression d'une complicité à la fois facile et profonde. J'allumai sans nécessité la lampe basse d'opaline verte, pour me sentir dans un rapport d'intimité encore plus chaud, au cœur du cercle de lumière amenuisant l'espace.

Moins par curiosité que pour retrouver le rythme des gestes paternels, j'ouvris un à un les tiroirs à portée de ma main droite. Il y avait un beau désordre, des Post-it griffonnés, de vieux crayons. Des stylos de toutes sortes voisinaient avec des papiers officiels, des photos – une vieille diapo poussiéreuse révéla ma silhouette de trois ou quatre ans à côté de ma mère, tous deux un peu guindés devant la cathédrale de Rouen. Le dernier tiroir, plus ordonné, ne contenait que quelques carnets à dessins, tous du même modèle, couverture anthracite et reliure à spirale. Des arbres, des pierres, des champignons, des feuilles, très rarement l'esquisse d'un portrait. J'avais toujours entendu dire que mon père avait un talent fou, qu'il avait fait les Beaux-Arts avant l'École d'architecture. Ses rêves d'adolescent, son jardin secret, effilochés au fil des ans – il prétendait ne plus trouver le temps pour dessiner –, dormaient à l'évidence là.

Ils n'y étaient pas seuls. Un cahier d'écolier d'un aspect beaucoup plus ancien – petite gravure représentant Notre-Dame sur la couverture, inscription Lutetia en bas à droite, couleur rouge fané – avait été glissé tout au fond du tiroir. J'hésitai un instant. Feuilleter les carnets de croquis n'était pas une indiscrétion. Souvent, mon père laissait traîner l'un d'eux au hasard de la pièce. Mais ce cahier-là n'avait pas été rangé au plus profond du meuble par hasard. Je l'ouvris pourtant. Après tout, on m'avait caché trop de secrets, de complicités muettes que je n'avais saisies qu'après coup. J'avais droit à ma part de révélations.

Une écriture penchée, plutôt élégante. Une encre qui avait dû être marine avant de pâlir au fil des ans. Des dates.

5 décembre
Ce matin, chemin vers le lycée avec Gérard. Toutes ces filles croisées à contresens qui vont vers le lycée technique. Plusieurs regards happés au passage. Une surtout, très jolie, cheveux mi-longs noirs, les yeux verts, quelques taches de rousseur. Je n'aurais jamais espéré croiser son regard. Elle me l'a livré longtemps, avec un air sérieux, comme si quelque chose de mystérieux était en jeu. J'y ai pensé toute la journée et maintenant encore, pendant le cours de Physique – Zébulon doit croire que je prends des notes.

6 décembre
Je ne parlerai jamais à la fille du lycée technique. Ma première phrase serait trop ridicule. C'est un peu

idiot, mais je voudrais seulement la revoir comme ça tous les matins. Ça serait un peu comme si nous avions déjà une histoire ensemble, une histoire parfaite, au-delà des mots. Je me demande même si nos regards échangés hier ne suffisent pas. Ce n'était pas un regard aimable, plutôt un peu dur, comme un défi, comme une question aussi – et juste à l'extrême fin, peut-être, un début de sourire.

17 décembre

Ce soir, monôme de Noël. Tous les lycéens avaient rendez-vous sur la place du Château, à cinq heures. Il faisait déjà nuit. J'étais avec Gérard, avec Serge. Les filles de Debussy et celles du lycée technique étaient assez nombreuses. Certaines connaissaient des garçons, mais dans l'ensemble les groupes restaient assez distincts. C'est seulement quand le monôme s'est mis en marche en braillant des slogans que j'ai aperçu la fille aux yeux verts, à quelques mètres devant moi. Elle s'est retournée, et tout de suite je me suis dit: « Si tu ne lui parles pas ce soir, elle te prendra pour le roi des imbéciles et elle aura raison. » Plusieurs fois, je me suis trouvé tout près d'elle dans la cohue, jusqu'à la frôler. Nos regards s'évitaient alors, puis se retrouvaient dès que le flux du défilé nous éloignait. J'aurais dû lui parler tout de suite, bien sûr. Après, c'est devenu de plus en plus difficile. J'ai ri trop fort, avec Gérard et Serge, pour cacher ma gêne. Quand nous sommes arrivés devant la mairie, la fille aux yeux verts s'est lassée de chercher mon regard. Je suis rentré. J'écris ces mots la gorge serrée. J'ai mis sur le pick-up le disque de Simon et Garfunkel Bridge Over Trouble Water. *Il me semble que cette chanson me parlera toujours de cette soirée perdue. Les vacances de Noël commencent. À quoi bon ?*

. 3

La pluie cinglait les vitres du TGV. Au départ de Montauban, j'avais échangé quelques phrases polies avec la vieille dame à côté de moi, puis je m'étais plongé dans la lecture de *France Football*. Mais depuis Bordeaux je n'arrivais plus à m'intéresser au Championnat de France. Je regardais la campagne qui défilait, pas vraiment somnolent, plutôt perdu dans une rêverie confortable, et le train allait trop vite à mon goût. Cette fille aux yeux verts dont mon père était tombé amoureux, je lui prêtais les traits de Sylvie. Des cheveux bruns mi-longs, quelques taches de rousseur. Là s'arrêtait le parallélisme étrange. Avec Sylvie, nous nous connaissions trop. Ensemble depuis le CM 1, nous avions joué à l'épervier dans la cour en primaire, partagé en 6e une scène des *Fourberies de Scapin*. Souvent nous revenions ensemble du collège, avec Antoine, jusqu'à la gare. Tout ce que mon père avait cru rater avec la fille du monôme de Noël, j'aurais tant aimé le connaître. Ne jamais avoir parlé à Sylvie. Croiser seulement le fer de son regard, l'ébauche d'un sourire lointain, ne pas pouvoir mettre mes pas dans son collège, ignorer tout de ses professeurs, de sa famille, de sa vie. Mon père avait connu là plus qu'une autre époque, un pays différent. Curieusement, lors de notre dernier repas à Montauban, il avait évoqué le problème à sa manière abrupte, comme s'il voulait couper court à toute nostalgie en affectant de préférer systématiquement le présent :

– C'est beaucoup mieux, dans vos collèges maintenant. Vous vous connaissez vraiment, entre garçons et filles. Moi quand j'étais adolescent, quand on tombait amoureux d'une fille, on se faisait tout un cinéma juste à partir de son apparence physique, et souvent on se plantait complètement.

Beaucoup mieux ? Je n'étais pas très convaincu. Oui, à l'époque de mon père on devait se planter. Mais aujourd'hui ce n'était pas facile de dire à une fille que l'on connaissait bien que l'on était amoureux d'elle. Une fille avec qui on avait tout partagé – même les cours d'éducation sexuelle en SVT. Il aurait fallu pouvoir faire le chemin à l'envers, ne plus lui parler des cours et des profs, ne plus l'entendre dire « Putain, t'es chiant ! » quand un garçon l'embêtait, pouvoir échanger un long regard avec elle sans qu'elle vous demande : « Eh bien, Valentin, ça va pas ? Tu veux ma photo ? » Avec Sylvie, dans une autre vie, cela aurait été possible, j'en étais sûr. Mais voilà, j'étais son poteau, son « Tintin, passe-moi ton exo de maths, par pitié ! », celui qui pouvait briller devant elle en cours d'EPS en sautant presque six mètres en longueur, mais qui avait peur de plonger à la piscine.

Et pourtant, depuis quelques semaines, c'était comme si je la voyais avec un double regard. La Sylvie Florent du collège, bonne en français, nulle en maths et en physique, supportrice des Dragons

Rouges, l'équipe de hockey sur glace de Rouen, amatrice de la nouvelle chanson française, celle-là, j'en avais fait le tour. Souvent, je l'accompagnais à la patinoire de l'Île-Lacroix, et nous vociférions ensemble pour encourager les Rouennais, l'écharpe des Dragons Rouges autour du cou. Mais en même temps, il y avait désormais une autre Sylvie que je regardais à la dérobée pendant les cours, quand elle planchait sur un devoir, à laquelle je pensais quand j'étais seul dans ma chambre. Sur la photo de classe punaisée au-dessus de mon lit, à côté de mes médailles gagnées à l'UNSS, Sylvie Florent n'était pas une élève comme les autres. Je la détachais du rang où elle posait un peu raide pour l'installer dans un autre espace, loin de la cour du collège Nicolas-Poussin, loin comme cette fille à laquelle mon père n'avait jamais osé parler.

C'est bien, le train. On regarde à travers la vitre un peu sale qui ensommeille la campagne. On happe au passage des petits bouts de vie, des maisons isolées, des silhouettes qu'on ne reverra jamais, des champs à l'infini dans la brume et la pluie, et puis des immeubles allumés en plein après-midi, quand on s'approche d'une ville, au ralenti. Toutes ces choses prenaient la forme de mes pensées. Sylvie, bien sûr, et puis Antoine. Dans nos dernières discussions du soir, juste avant les vacances, je lui avais trop parlé de Sylvie. Sur le moment, je n'y avais pas pris garde – je ne me rendais pas compte alors que j'étais déjà amoureux. Mais à présent, dans le vide du trajet, c'était comme si toutes les phrases revenaient, et aussi les silences, les petites gênes nouvelles. C'était normal de parler de Sylvie. Nous nous connaissions tous les trois depuis des années. Presque chaque soir, nous faisions le trajet de retour du collège ensemble. Mais maintenant, et seulement maintenant, je prenais curieusement conscience de la petite tension qui s'installait entre Antoine et moi, quand je lui parlais de Sylvie.

Je n'avais pas fait le rapprochement sur le coup. Antoine n'allait pas trop bien, ces derniers temps. Quand je m'arrêtais deux minutes dans le salon pour bavarder avec sa mère, il faisait une tête exaspérée, lançait des «Tu vas lui tenir la jambe longtemps comme ça?» auxquels Mme Desmonts répondait par des «Charmant caractère, ça doit être l'adolescence!» qui me laissaient gourd et empoté. Puis je le suivais dans sa chambre. Chaque soir, le temps réservé au travail scolaire diminuait. Au milieu d'une explication de texte que nous faisions ensemble à notre manière habituelle, en essayant de rédiger assez différemment les réponses pour ne pas nous faire suspecter de copiage, il lançait son stylo sur la table.

– Oh! Et puis il y en a marre! Vernier nous fait parler du destin de Julien Sorel. Mais mon destin à moi, je le connais trop bien. Julien Sorel avait bien de la chance. Tout le monde ne peut pas avoir un père qui le déteste. Moi, j'ai des parents aimants, comme on dit attentionnés. Aucune excuse pour ne pas faire au moins Sciences-Po, devenir un parfait petit con, dans le meilleur des cas, si j'y arrive!

Un sourire ironique que je ne lui connaissais pas auparavant barrait sa bouche. Je ne savais quoi lui dire. Maladroitement, je lui parlais de Sylvie.

Tout ce mal-être naissant d'Antoine défilait à présent clairement dans ma tête, au rythme du trajet, et se mêlait sournoisement à l'image de Sylvie. Déjà, c'était la gare de Rouen. Sur mon siège, j'abandonnai mon journal avec l'article sur Lyon-Monaco que je n'avais même pas fini de lire. Au bout du quai, Camille courait vers moi, les bras grands ouverts.

. 4

– Ce que j'ai à vous dire est un peu particulier... Je vous crois quand même assez matures... Et puis j'ai envie de vous faire confiance, vous qui vous plaignez de ne jamais être considérés comme des adolescents.

Il en prenait des précautions, M. Vandel. Première heure de vie de classe, la semaine de la rentrée. Dehors, il faisait un temps de chien. Le mois de novembre normand était fidèle à la tradition. Il fallait de la lumière dès la deuxième heure de l'après-midi. La vie de classe, je n'aime pas ça. On est censé évoquer les problèmes de la classe, et c'est notre professeur principal, en l'occurrence notre prof de Maths, qui nous encadre. Les mi-fayots mi-insolents, genre Justine Godard ou Fabrice Deltreil, en profitent toujours pour dire du mal des autres profs en essayant de se faire bien voir : « Avec vous, ça se passe bien, m'sieur, mais en Espagnol… »

À chaque fois, le prof est gêné, il parle de la solidarité de l'équipe enseignante. En même temps, on voit bien qu'il n'est pas mécontent de savoir que ça se passe mieux avec lui qu'avec d'autres – et, bien sûr, cette petite peste de Justine Godard est championne pour jouer sur ce genre de rapports.

Mais là, les précautions de M. Vandel annonçaient une heure de vie de classe exceptionnelle, et un silence gourmand s'installa.

– Voilà. M. Butel, le Principal, m'a annoncé hier que nous allions accueillir un nouvel élève dans la classe.

On entendit un petit murmure de déception, mais M. Vandel reprit plus fermement les rênes.

– Attendez ! Il ne s'agit pas tout à fait d'un élève comme les autres.

– On a l'habitude, m'sieur ! s'exclama Valérie Gautier, la copine de Justine. L'an dernier, on a eu en cours d'année Lionel Hamelet.

– Oui ! glapit Justine. On l'avait renvoyé de Darnétal parce qu'il avait renversé la corbeille à papier sur la tête de sa prof d'Anglais.

Tout en parlant, elle jetait un coup d'œil périphérique pour s'assurer de son petit effet.

– Oh ! fit à son tour Armance N'Diallo, à côté de ce que j'ai vu dans le 93, c'est vraiment rien.

– Bon, reprit M. Vandel en haussant sensiblement le ton. Je ne sais pas si j'ai eu raison de faire appel à votre maturité. D'ailleurs, c'est toujours comme ça. Vous voulez qu'on vous traite en adultes, mais dès qu'on vous en donne l'occasion...

Là, tout le monde a compris qu'il fallait se calmer si on voulait avoir des explications.

– Ma petite Valérie, je te promets que le nouvel élève n'a rien à voir avec Lionel Hamelet. Il s'agit d'un cas très particulier. Ce garçon doit rester au collège pour une durée indéterminée, en attendant de passer en jugement. C'est là que ma confiance en vous entre en jeu. M. Butel m'a demandé de ne pas évoquer cet aspect... judiciaire des choses devant vous. Je prends le parti de lui désobéir. En effet, je considère que, s'il est de votre devoir d'accueillir ce garçon – il s'appelle Grégory Santerne – tout à fait normalement, il serait en revanche dangereux que certains, ou certaines, soient tentés de nouer des liens trop intimes avec lui. Je n'ai pas l'habitude de tenir ce genre de propos, mais je peux vous garantir qu'il s'agit d'un cas... lourd, comme à ma connaissance le collège n'en a encore jamais rencontré.

– Il a tué quelqu'un ? s'inquiéta Justine d'un ton si horrifié que toute la classe éclata de rire.

– Non, Justine, il n'a tué personne. Mais il a été mêlé à des actes graves, dont je vous préviens tout de suite que je ne vous donnerai pas le détail.

Quelques murmures de déception suivirent cette dernière phrase. La suite de l'heure de vie de classe, consacrée aux projets de stages en entreprise, se déroula dans une atmosphère aussi morne que le ciel aperçu à travers les carreaux. À la récré de quatre heures, en revanche, il ne s'agissait plus d'échanger des textos ou de se passer des exos de Physique. Avant même d'avoir mis les pieds au collège, Grégory Santerne était la cible de toutes les conversations.

– Tu parles…, lançait Sylvie Lannier, sûr qu'il est dealer de shit.

– Mais ici, du shit, tu peux en trouver aussi! rétorquait Valérie Brunoy.

– Il s'agit pas d'en trouver! Il n'y a qu'à se baisser, pour en trouver. Mais moi je peux te dire que là d'où je viens il y a déjà des vrais dealers, des gars qui arrêtent le lycée à seize ans, qui roulent en BM décapotable et qui se font au moins cinq mille euros par mois, oui, ma vieille, t'as bien entendu!

– Attendez, les filles! intervint Antoine. Grimpez pas aux rideaux avant qu'ils soient accrochés! Y a pas qu'le shit, dans la vie. Si ça tombe, ce gars-là a commis un hold-up.

– Et pourquoi il aurait pas violé une fille? reprit Justine.

Et là, il y eut au moins deux voix pour lancer en écho :

– Tu prends tes désirs pour des réalités ?

La scène dégénéra en bagarre simulée, coups de poing amortis et grandes claques sur les épaules. Mais c'était comme si toute la classe avait besoin de ce défoulement, pour oublier que la venue de Grégory Santerne nous impressionnait davantage que nous ne voulions bien le dire.

. 5

Dès le début, on a compris que les profs avaient peur de lui. Ça se sentait à leur façon d'être juste un peu trop courtois, de lui parler sur un ton qu'ils voulaient très calme. Ils faisaient comme si Santerne était un élève comme les autres, Mlle Vernier lui demandait de prendre une copie pour traiter les questions d'explication de texte. Bien sûr, il n'en avait pas, il n'avait même pas de stylo. Stéphane lui passait un Bic, Justine une copie double, Grégory grommelait vaguement pour les remercier. Au bout de cinq minutes, il lançait un «J'ai jamais fait un truc comme ça, moi!», et c'est là qu'on voyait que Vernier le craignait. Au lieu de venir s'asseoir à côté de lui comme elle aurait fait avec n'importe quel autre élève, elle disait doucement : « Tu fais ce que tu peux ! » Mais Santerne repoussait brutalement la feuille et s'affalait sur sa table, la tête dans les bras.

Bientôt, dans tous les cours, ce fut comme ça. Il arrivait à l'heure, mais s'endormait sur sa table, et on ne lui disait rien. Nous, ça nous choquait, bien sûr. Brian Dufour, qui est complètement largué depuis la sixième, ne se serait jamais permis une attitude comparable, et nous trouvions qu'il avait bien du mérite à faire semblant de suivre les cours – tout en gravant un peu les tables, sans plus – pendant que M. Santerne avait le droit de transformer les salles de classe en wagon-couchette, sans essuyer la moindre remarque.

Cette appréhension des profs, je crois que nous la voyions tous d'un bon œil. Un prof, c'est quelqu'un qui vous juge, et même, en fin de 3e, qui décide de votre avenir. Alors, c'est toujours agréable de voir les failles d'une personne qui est censée vous dominer, un peu comme un serviteur

Hamilton
Public Library

www.hpl.ca
Red Hill branch, Self Check-out #2
12/17/2010

Call 905-546-DIAL for your account.
Dates are in MONTH-DAY-YEAR format.

Library Card Number
........2781

32022188866509 La zizanie !
Date Due: 01/26/11

32022197005081 redhill adult periodical.
Date Due: 01/26/11

32022179918277 How to draw in pen and
ink /
Date Due: 01/26/11

32022197382225 redhill adult periodical
Date Due: 01/26/11

32022188327189 Ce voyage /
Date Due: 01/26/11

No, Checked Out / No, Not Checked Out
5/0

Hamilton Public Library

www.hpl.ca
Red Hill branch, Self Check-out #2
12/17/2010

Dial 905-546-DIAL for your account.
Dates are in MONTH-DAY-YEAR format.

Library Card Number
**********2751

32022188866509 La zizanie /
Date Due: 01/26/11

32022197005081 redhill adult periodical.
Date Due: 01/26/11

32022179918277 How to draw in pen and ink /
Date Due: 01/26/11

32022197382225 redhill adult periodical.
Date Due: 01/26/11

32022188327189 Ce voyage /
Date Due: 01/26/11

No. Checked Out / No. Not Checked Out
5 / 0

qui connaît les secrets de son maître. Mais dès que la sonnerie d'un cours retentissait, c'était nous, les élèves, qui nous retrouvions dans nos petits souliers. Du côté des garçons, il y avait eu tout de suite ceux qui avaient voulu copiner avec Grégory, mais il se montrait imprévisible et plutôt méprisant. Stéphane Lannier en avait fait les frais le premier. À la sortie du collège, un soir, il avait proposé une cigarette à Grégory, mais ce dernier l'avait envoyé promener à voix assez haute pour que d'autres l'entendent, et prennent un malin plaisir à le raconter :

– Non, p'tit mec ! J'en veux pas, de ta clope, je fume pas avec les mômes.

Cet hypocrite de Fabrice Deltreil s'était cru plus malin en essayant une manière perverse de séduire le nouveau caïd. Juste avant d'entrer en salle de Physique il lui avait lancé :

– Si tu veux, tu te mets derrière moi. Il y a interro, et j'me débrouille pas mal en Physique. J'te passe mon brouillon. De toute façon, tout le monde truande. Brémont ne remarque rien, ou plutôt il s'en fout.

Santerne l'avait toisé avec un petit air amusé :

– Si tu crois que je vais traficoter avec un fayot comme toi ! J'en ai rien à cirer de ton interro. J'ai sommeil.

Et c'est vrai qu'il avait du sommeil à rattraper. Tout le monde se demandait même comment Grégory faisait pour dormir presque toute la journée. Parfois, il fallait lui donner un coup de coude pour qu'il émerge, à la fin d'un cours, juste le temps de se frotter les yeux, de traverser les couloirs en somnambule avant d'aller s'abattre dans une autre salle. Finalement ça arrangeait bien tout le monde, et surtout les profs.

Pas mal de filles, émoustillées par le prestige du truand mystérieux, avaient tenté aussi quelques avances. Il les avait laissées venir un peu plus poliment, avec une condescendance qui me faisait mal pour elles. Le genre c'est normal que des petites bourges soient fascinées par un aventurier dans mon genre. En fait, les seules auxquelles il parlait vraiment étaient Déborah Fontaine et Cindy Bellier. Pourtant, elles ne recherchaient pas la fréquentation de Santerne, mais elles avaient ce côté mûr, un peu désabusé – elles suivaient les cours sans grande illusion sur leurs possibilités de réussite scolaire – qui permettait à Grégory de leur parler sans déchoir. Et puis leurs deux petits copains venaient les attendre à la sortie du collège en voiture, une 206 GTI rouge, évidemment, vitres ouvertes et pulsation cardiaque musicale déployée à fond, bien sûr. Ces deux-là considéraient visiblement comme un grand honneur de discuter quelques minutes avec Grégory sur le trottoir. Cindy et Déborah, par contre, n'étaient pas très à l'aise. Elles jetaient des petits coups d'œil vers les fenêtres du bureau de la directrice, comme s'il y avait là un risque pour leur statut un peu particulier d'élèves âgées mais plutôt considérées comme sérieuses, en dépit ou à cause de leur différence.

Moi, Grégory me mettait très mal à l'aise. Je ne savais jamais quoi lui dire quand je me trouvais près de lui, dans les vestiaires du gymnase par exemple, et si ce silence ne paraissait pas le déranger le moins du monde, je l'éprouvais comme une tension insupportable. Santerne semblait prendre un malin plaisir à prolonger cette gêne. Il me regardait sans rien dire avec une expression moqueuse et satisfaite qui voulait dire : « Toi, j'te fous les jetons, pas vrai ? » De mon côté, je n'avais pas envie de m'abaisser comme Stéphane ou Fabrice à lui faire une cour qui serait de toute façon méprisée. Et puis son regard avait raison. Grégory me faisait peur. Pas à cause de ce qu'il avait pu faire – même si l'incertitude à ce sujet demeurait inquiétante, je me doutais bien que ses activités ne pouvaient s'inscrire que dans un champ de possibilités assez restreint, trafic de drogue, vol, à main armée éventuellement, et, peut-être, dans ce qui me paraissait la pire des possibilités, organisation de tournantes – mais parce que je sentais en lui la possibilité mystérieuse de tout changer, au collège et dans notre vie.

Curieusement, et comme pour me narguer d'une autre manière, le seul à qui Grégory réserva d'emblée ses faveurs fut celui auquel personne n'aurait pensé à priori : Antoine. Tout semblait les séparer. Tout chez Antoine, de la qualité un peu désuète de ses vêtements à sa façon de parler, de bouger même, trahissait le garçon de bonne famille, en accord avec les valeurs de sa tribu. Certes, j'étais bien placé pour savoir que derrière cette carapace se cachait un individu sensible et généreux, bien plus original que sa panoplie bon chic bon genre ne pouvait le laisser déceler. Mais moi-même, son plus proche ami, je ne pouvais m'empêcher de le chambrer à l'occasion à propos de son langage très châtié, de son imperturbable politesse qui faisait tache au milieu des injures obscènes, dans les couloirs de Nicolas-Poussin. Santerne ne pouvait pas ne pas avoir senti tout cela. Et pourtant, dès les premiers jours de sa présence au collège, c'est à Antoine qu'il vint parler, ignorant superbement ma présence à ses côtés.

Antoine fut sans doute surpris d'être ainsi l'élu de Grégory. Mais il ne le manifesta guère. Un soir que nous rentrions du collège avec Sylvie, j'osai l'interroger sur sa nouvelle relation, mais il prit un petit air absent que je ne lui connaissais pas pour nous dire sans nous regarder :

– Vous vous faites des montagnes d'idées fausses sur lui. Vous ne pouvez pas le comprendre.

Sylvie haussa les épaules, et nous quitta aussitôt pour rejoindre une copine qu'elle avait aperçue sur le trottoir d'en face. Quant à moi, vexé par la supériorité mystérieuse qu'Antoine affichait, je continuai quelque temps à cheminer en silence auprès de lui, puis l'abandonnai devant la gare.

– Si c'est tout ce qu'on a à se dire, autant rentrer chez soi !

Le petit hochement de tête évasif d'Antoine signifiait un «Comme tu voudras!» qui me fit mal, même si ma marche résolue, mon regard fermé ne voulaient exprimer que la colère.

. 6

Ma brouille avec Antoine fit au moins une heureuse, ce soir-là. J'avais prévu d'aller faire un tour à la Foire Saint-Romain. Pour Antoine, la question était résolue. Le portable de Sylvie s'obstinait à me proposer un répondeur sur lequel trois messages s'enregistrèrent en vain. Pas vraiment la joie. L'idée me traversa tout à coup que nous étions un mardi soir, et que Camille n'avait pas école le lendemain. Maman fut un peu dure à convaincre, mais il est difficile de résister au regard implorant de ma sœur, quand elle prend un petit air tout triste.

– Bon! finit-elle par concéder sans enthousiasme. Mais, Valentin, il faut que tu me jures qu'à dix heures tapantes vous serez de retour ! Et pas de manège à se décrocher la tête et le cœur. Et ne vous approchez pas trop de la Seine, il y a des bousculades. Et…

– Je te promets ! D'ailleurs tu me connais, je suis plutôt froussard. Et puis je la tiendrai tout le temps par la main !

Le plaisir des autres est toujours plus fort et plus sûr que celui qu'on éprouve soi-même. À voir briller les yeux de Camille, à m'amuser de la frénésie avec laquelle elle se jeta sur son manteau, noua son écharpe, j'oubliai tout à coup toutes mes mélancolies sentimentales, tous mes problèmes d'amitié.

Il faut dire que la Foire Saint-Romain, c'est quelque chose. Le mois de novembre à Rouen en est transfiguré. La pluie, le vent peuvent tenter d'emporter tout dans leur mélancolie : il reste quelque part l'idée de ce tourbillon de lumière et de bruit, tout près, sur l'autre rive de la Seine. La nuit tombe vite, si bleue au-dessus des lumières chaudes, et puis de ce mauve orangé que prend le ciel des villes après le crépuscule. Tous les manèges se reflètent dans les eaux du fleuve. Quand on s'approche, sur le pont, on a bientôt sous ses pieds cet espace infini de joie bruyante. C'est un peu fort, surtout lorsque l'on est enfant. En tenant Camille par la main, j'avais la sensation de revenir à son âge, de revivre la Foire Saint-Romain avec la même angoisse délicieuse qui m'étreignait à l'époque où mon père m'y emmenait. Un vague remords me prenait aussi à voir Camille aussi heureuse. Sans m'en rendre compte, je la délaissais un peu depuis quelque temps, tout à mes tourments adolescents. J'avais là tout près de moi quelqu'un qui m'aimait vraiment, quelqu'un pour qui je représentais beaucoup simplement parce que j'étais le grand.

Et puis ce fut un vrai bonheur de plonger avec elle dans la fournaise, de m'installer à côté d'elle sur le joli manège des chevaux de bois à l'ancienne, de nous poisser les lèvres et les mains avec une barbe à papa rose fluo. Mais notre complicité la plus intense, nous la connûmes au stand du tiercé.

On y faisait progresser des figurines de cheval en lançant des boules de bois dans des trous. Camille était trop petite pour jouer toute seule. Nous nous installâmes sur le même tabouret, à côté d'une dizaine d'autres concurrents. La première course fut un vrai désastre. Le propriétaire commentait à haute voix. Il n'était jamais question du numéro sept, et en relevant fébrilement les yeux, entre deux jets manqués, nous pouvions voir notre favori se traîner misérablement en queue de peloton. La déception de Camille était trop forte. Je m'obstinai. La deuxième tentative fut meilleure. La troisième fut la bonne. Tout au long de la course, nous entendîmes la voix du speaker évoquer le numéro sept, et quand la sonnerie finale retentit, Camille n'en croyait pas ses yeux : c'était bien notre cheval bai, jockey casaque verte, qui devançait tous les autres. Il fallut choisir un cadeau, et Camille opta vite pour une petite lampe torche « pour éclairer dans mon lit ».

Alors, j'osai proposer à Camille de faire un tour sur la grande roue.

– Tu crois que maman serait d'accord ?

Je n'avais pas de grosse certitude à cet égard, mais après tout, il n'avait été question de façon explicite que « des manèges qui décrochent la tête et le cœur ». Ce n'était guère le cas de la grande roue, dont la progression, entrecoupée de poses destinées à permettre de profiter du paysage, avait plutôt des allures de gastéropode. C'est ce que je montrai à Camille, qui semblait cependant hésiter :

– Quand même, c'est haut !

Je la connaissais assez pour lire dans ses yeux autant d'envie que d'effroi. De fait, elle me suivit sans se faire prier dans la petite nacelle qui faisait halte devant nous. J'avais bien le sentiment de prendre un léger risque, mais c'était plus fort que moi ; au fond, ce que je voulais revivre avec Camille, c'était ces instants que j'avais connus dix ans auparavant à côté de mon père, à l'époque où tout me semblait facile, où rien n'était à séparer, où le monde tournait aussi parfaitement rond que la grande roue dans la nuit rouennaise. Seulement émerveillée au début de la course, et se penchant même par-dessus la rambarde pour admirer tous les feux des manèges en contrebas, Camille fut vite moins rassurée quand notre vaisseau spatial prit réellement de l'altitude. Le vent s'était levé. Elle vint se blottir contre moi, fermant les yeux. Elle ne consentit à les rouvrir que quand nous nous arrêtâmes tout en haut, quelques secondes qui nous parurent des siècles, et que pour ma part j'étais sûr de vivre avec la même intensité que ma petite sœur. Malgré toutes mes paroles pour rassurer Camille, je ne me sentais pas si à l'aise dans le vent qui semblait beaucoup plus froid. La nacelle dansait-elle, ou était-ce une illusion ? Mais la beauté du spectacle était stupéfiante : sur la rive droite, au loin, toute la ville allumée. À nos pieds, à l'infini, le rouge et le jaune flamboyants de la foire. Quand la roue amorça la descente je me dis que ce moment allait passer beaucoup trop vite. Jamais je ne m'étais senti aussi responsable, protecteur. C'était moi qui tenais les rênes.

Il était déjà vingt et une heures trente quand nous quittâmes la grande roue. Pourquoi fallut-il que Camille avise dans un stand de chamboule-tout cet énorme âne en peluche gris qui lançait aux badauds un regard d'une mélancolie insoutenable ?

– Tu as raison Camille, il est très sympa, mais maman nous attend.

En même temps que je prononçais ces mots, je savais bien sûr que j'allais me laisser faire. Elle voulut d'abord tenter sa chance elle-même, mais elle était bien trop petite pour atteindre les boîtes de conserve empilées sur une étagère. Alors je pris le relais, fouillant mes poches avec inquiétude – il ne me restait que quelques euros – puis manquant de justesse à plusieurs reprises de faire tomber toutes les boîtes. L'excitation de Camille à mes côtés n'arrangeait pas les choses. Imperturbable, le patron du stand feignait de ne rien voir. Mais le jeune garçon qui lui servait d'aide avait compris la situation, la déception de Camille, ma fébrilité pour tenter en vain de la satisfaire. Il s'approcha de moi et me souffla, en désignant son patron d'un mouvement de tête :

– Je ne peux rien faire tant qu'il est là. Mais s'il part un moment, ça peut peut-être s'arranger…

Dès lors, au lieu de me précipiter, je pris tout mon temps pour tirer mes deux derniers euros de ma poche. Hélas, mon premier jet fit tomber qu'une des boîtes. Et tout à coup, miracle, l'homme au béret grommela quelque chose et s'éloigna vers la taverne de l'Ours Noir. Alors, avec un sourire compatissant, son employé me vit rater mes deux dernières tentatives, et avec un grand naturel, après avoir ramassé tranquillement les petites balles de feutrine tombées à terre, il saisit l'âne au regard doux sur son étagère et le déposa entre les bras d'une Camille stupéfaite. Je me répandis en remerciements confus, mais le jeune garçon m'interrompit avec un regard significatif en direction de la taverne. Je lui fis signe que je comprenais, et m'esquivai. Quelle soirée parfaite ! Seul un regard sur ma montre m'inquiéta.

– Oh là là ! presque dix heures. Maman va être morte d'angoisse, et je n'ai plus de batterie sur mon portable.

Camille marchait avec difficulté, embarrassée par sa spectaculaire peluche. Alors je la lui pris des mains. Et c'est à cet instant que j'entendis dans mon dos une voix goguenarde et familière :

– Oh la belle peluche ! Il en a une belle peluche le Valentin. Peut-être il va faire dodo avec, si maman permet !

Je n'avais pas besoin de me retourner pour reconnaître la voix d'Antoine. En même temps, elle s'incarnait dans un registre si nouveau, sarcastique et blessant, que j'avais du mal à en croire mes oreilles. Camille, qui le connaissait bien, paraissait suffoquée. Quand enfin je fis volte-face, je vis celui que je croyais encore mon ami nonchalamment appuyé contre la tablette d'un stand de tir. À ses côtés, Grégory et deux garçons que je ne connaissais pas me toisaient en silence. Pas plus que l'intonation de sa voix, l'attitude physique ne correspondait à rien de ce que je savais d'Antoine. C'est cette duplicité insupportable qui me fit sortir de mes gonds. L'espace d'une seconde j'oubliai tout, la responsabilité de ma petite sœur, l'heure déjà tardive. Laissant tomber l'âne gris à terre, je me précipitai et envoyai mon poing en plein dans la figure d'Antoine, avec une énergie que je ne me connaissais pas, moi qui n'obtenais que des résultats dérisoires sur le punching-ball gradué de la foire. En un instant, je sentis une violente clé au bras me déchirer l'épaule, et m'obliger à m'agenouiller. Camille commença à sangloter. Le visage qui se penchait vers moi, cherchait mes yeux, et se mettait à me parler enfin avec un calme effrayant, était celui de Grégory :

– Tu as de la chance d'être avec ta frangine. Sinon...

Et son pouce dessina sur son cou l'empreinte d'une trace. Puis il me repoussa violemment à terre, avant de s'éloigner en soutenant Antoine. Un petit cercle avide de ce genre de réjouissance s'était formé autour de nous. Camille avait ramassé la peluche et pleurait en silence.

. 7

C'est peu dire que j'appréhendais la reprise des cours, le lendemain matin. J'essayai en vain d'évoquer un mal de gorge, mais ma mère ne s'y laissa pas prendre :

– Si tu étais rentré à l'heure convenue, tu serais peut-être moins fatigué ! Il faut assumer ses responsabilités !

J'assumais très peu, au moment de franchir la grille d'entrée de Nicolas-Poussin. Mais pas de Grégory ni d'Antoine dans la cour, et pas davantage au moment de pénétrer dans la salle A 208, où Mlle Vernier nous attendait, tout heureuse de nous faire partager son enthousiasme pour le début de *Madame Bovary*. Au moment d'écrire le nom des absents sur le cahier d'appel, elle ne sembla pas tiquer: Desmonts Antoine, Santerne Grégory. Quelques conciliabules s'éveillèrent dans la classe quand les autres élèves prirent conscience de ce curieux rapprochement dans l'absence. Le regard de Sylvie m'interrogea, mais je haussai les épaules en signe d'ignorance, avant de plonger mon regard dans la cour. Au fil des minutes, l'angoisse que j'avais éprouvée pour moi-même se transformait peu à peu en inquiétude au sujet d'Antoine. Comment son existence avait-elle ainsi pu basculer tout à coup du côté de Grégory? Car ils étaient ensemble, j'en étais sûr. La scène de la veille ne pouvait laisser planer de doute. J'essayais bien de me persuader que j'avais frappé un peu fort, au point de contraindre Antoine à rester chez lui le lendemain – le nez cassé, peut-être? Mais je n'y croyais pas vraiment.

– Eh bien, Valentin, ça n'a pas l'air de t'intéresser beaucoup, ce que je raconte?

De fait, la description de la casquette de Charles Bovary ne constituait pour moi depuis quelques minutes qu'un fond sonore incompréhensible qui prenait curieusement la forme de mon trouble et de mes interrogations. Vernier sollicitait peut-être indirectement par sa question un échange à la fin du cours – la connaissant, je savais qu'elle n'avait pu manquer de s'interroger sur la disparition simultanée d'Antoine et de Grégory.

Mais quand la sonnerie retentit, j'évitai le regard de la prof et m'esquivai au plus vite – de toute façon, je n'avais rien à dire. L'heure d'anglais me parut plus longue encore. Assis à côté de la vitre, je guettais en vain la cour déserte. Dire qu'il allait falloir patienter jusqu'à midi avant de me précipiter chez les Desmonts, en quête de nouvelles – au risque de passer pour un idiot si Antoine avait seulement manqué les cours du mercredi matin, mais je me fichais bien de cette hypothèse!

Je n'eus pas à attendre jusque-là. Juste avant la récré de dix heures, je vis se profiler sous les platanes de la cour une silhouette longue, un peu raide, que je connaissais bien: Mme Desmonts! Elle s'engouffra dans les bureaux de l'administration. C'est à grand-peine que je me retins de me précipiter aussitôt. Dès la fin de l'heure, je dévalai l'escalier. La secrétaire de M. Butel me jeta un regard assez froid, mais alors qu'elle se préparait à m'éconduire, la porte du bureau du Principal s'entrouvrit :

– Ah! Valentin! Tu es sans doute le seul à pouvoir nous aider!

La phrase qui venait de sortir des lèvres de Mme Desmonts faisait preuve de son sang-froid et de sa distinction habituels, mais ses yeux étaient cernés, ses cheveux en bataille. M. Butel avait pris un masque de circonstance, et c'est d'une voix très grave qu'il m'annonça :

– Antoine est rentré chez lui hier après-midi, vers dix-sept heures trente, mais il est ressorti dans la soirée. Il a prétendu avoir rendez-vous avec toi pour aller à la Foire Saint-Romain.

– Comment ça, « prétendu »? s'étonna Mme Desmonts. Il n'avait pas réellement rendez-vous avec toi?

Sous ses airs distants et glacés, M. Butel nous connaissait bien. Sans doute avait-il été surpris de voir la veille Antoine et Grégory ensemble dans les couloirs. Son «prétendu» venait à l'évidence de là. Mais c'était à moi d'aller un peu plus loin.

– Madame Desmonts, je ne sais pas trop comment vous dire... J'ai bien vu Antoine hier à la Foire Saint-Romain, mais il n'était pas avec moi...

– Avec qui était-il?

La voix étranglée de la maman d'Antoine me serra le cœur. J'avais eu si peu l'occasion de la voir ainsi démunie, implorante. Au-dessus de ses petites lunettes cerclées de fer, le regard du Principal m'encourageait.

– Eh bien, il vous a peut-être déjà parlé de Grégory...

– Ah, ce garçon qui a été arrêté à tort par la police? Oui, il m'en parle tous les jours...

Mon regard croisa celui de M. Butel.

– Je crois qu'il faut que je vous dise quelque chose, madame, reprit le Principal, en désignant la porte entrouverte de son bureau. Valentin, si tu veux nous attendre, je pense que ce serait bien que tu raccompagnes ensuite Mme Desmonts chez elle. Quels cours as-tu de dix à douze?

– Maths et EPS.

Le Principal fit un signe de tête évasif qui m'étonna un peu, et signifiait que je pouvais m'en dispenser sans problème.

Quand Mme Desmonts sortit de son nouvel entretien avec M. Butel, je vis tout de suite que son angoisse avait encore monté d'un ton. Durant le trajet vers leur maison, elle m'accabla de questions sur les rapports entre Antoine et Grégory, entre Antoine et moi. Difficile de lui avouer que mon dernier contact avec Antoine avait été un violent coup de poing en pleine figure. C'est ce que je finis par lui confier pourtant, en essayant de préciser de mon mieux les circonstances de l'incident.

– Mon Dieu ! Est-ce possible qu'il ait tellement changé en si peu de temps ? Et rien à la maison ne le laissait paraître !

De temps en temps, elle sortait de sa poche son téléphone mobile, appuyait fiévreusement sur les touches, et la déception creusait davantage son visage, tandis que j'entendais ronronner le répondeur d'Antoine, dont je connaissais bien le message, avec l'enregistrement de la voix de Fernand Raynaud hurlant « Qui c'est ? », suivie de celle d'Antoine qui reprenait : « Si vous n'êtes pas le plombier... » Étrange et troublante, la permanence de ce petit gag au cœur d'une matinée aussi inquiète et grise.

Au fur et à mesure que nous approchions de chez elle, Mme Desmonts marchait de plus en plus vite. Je voyais bien qu'elle ne pouvait s'empêcher de caresser l'espoir de retrouver Antoine rentré en son absence. Mais son « Il y a quelqu'un ? » lancé dès l'ouverture de la porte ne rencontra qu'un écho lugubre dans la grande maison vide. Bientôt, nous entendîmes le claquement d'une portière de voiture. M. Desmonts était parti à son travail, mais il revenait prendre des nouvelles. Avant même de poser sa question il lui suffit de nous voir pour deviner la réponse :

– Rien au collège ? Cette fois, il faut appeler la police.

C'est ce qu'il fit aussitôt, d'une voix d'abord un

peu blanche, puis vite exaspérée par les réactions de son interlocuteur. Il fut question de son amitié avec le préfet, de l'inertie insupportable des fonctionnaires.

Il défit le nœud de sa cravate en revenant vers nous.

– Je te prie de croire qu'ils ont intérêt à se remuer un peu les fesses ! Un commissaire passe ici dans un quart d'heure !

L'effet dynamisant de sa colère s'effaça bientôt. Alors il s'assit sur le canapé du salon, le regard fixe, la tête rentrée dans les épaules. Au bout d'un lourd moment de silence, il leva les yeux vers moi.

– Valentin, il te confiait tout ! Tu ne sais vraiment rien ?

Je me raclai la gorge, mais Mme Desmonts vola à mon secours et évoqua la situation en quelques mots. Puis elle alla préparer un café que nous bûmes en silence. D'habitude égayés, animés par le rythme de la vie, les lustres, les bibelots, les meubles d'époque prenaient un aspect glacial et funèbre. Je partis sans attendre la visite du policier.

Même les bruits de la rue avaient changé. Le chemin de la gare au collège me sembla d'une infinie tristesse.

. 8

Chercher Antoine, y passer tout notre mercredi après-midi s'il le fallait, Sylvie était d'accord, mais chercher où ? Les élèves du collège s'écoulaient autour de nous, descendant la rue des Requis. Certains s'arrêtaient, posaient une question, puis repartaient, navrés de n'avoir aucune piste à nous fournir. Appuyée contre le mur à côté de la boulangerie, Cindy Bellier fumait sa clope. Sans doute attendait-elle le monstre rouge de son petit copain, comme d'habitude. Mais quand le gros de la troupe se fut dissipé, elle remonta vers nous, jetant un coup d'œil craintif par-dessus son épaule avant de nous lancer :

– Écoutez, surtout ne le répétez à personne – Jimmy me tuerait s'il savait que je vous ai dit ça – mais j'ai peut-être une idée, pour Antoine. En fait, je sais que Grégory et sa bande ont une espèce de squat 25, rue Danguillaume. C'est tout récent. Avant, ils en avaient un autre, mais la police les a fait partir.

Puis elle nous quitta très vite, un doigt posé sur les lèvres. Sylvie savait vaguement où se trouvait la rue Danguillaume, pour avoir disputé là dans un gymnase un tournoi de tennis de table, quelques années auparavant. Nous partîmes donc vers les hauteurs de Rouen. La pluie s'était mise à tomber, un petit vent glacial soufflait. Nous marchions en silence – à quoi bon échafauder des plans ? Nous n'avions pas la moindre idée de ce que nous pourrions faire, une fois arrivés sur place. Nous savions juste qu'il était difficilement envisageable de toquer poliment à la porte et de s'enquérir de la présence d'Antoine. D'ailleurs, je doutais qu'il fût là. Et s'il n'y était pas, c'était bien pire encore, je n'osais l'imaginer. Peu à peu, les petits pavillons à jardinets faisaient place à des immeubles de brique beaucoup plus austères. Certains n'étaient habités qu'en partie. Du linge séchait sur des balcons étroits, à côté d'antennes paraboliques.

Le seul réconfort venait de ce silence partagé avec Sylvie. Oui, nous étions ensemble comme avant, dans cette inquiétude pour Antoine qui nous taraudait. De temps en temps, je jetais un coup d'œil à la dérobée vers elle. La pluie et le vent lui allaient bien, lui donnaient une allure d'aventurière un peu sauvage. J'avais toujours trouvé qu'elle était trop belle pour moi. Un jour, en cours, Vernier nous avait parlé de la problématique de l'amour – elle aimait bien ce genre de formule, de temps en temps – dans l'œuvre de Marcel Proust. Le texte, tiré d'*Un amour de Swann*, je crois, n'emballait personne, mais après l'explication, Mlle Vernier s'était lancée dans un discours étonnant, qui résumait la philosophie de l'auteur. On aime toujours celui qui ne nous aime pas. On l'aime justement parce qu'il ne nous aime pas. On voudrait partager la vie de celui qui n'a pas envie de la nôtre.

Et c'est parce qu'il n'a pas envie de partager la nôtre qu'on a envie de la sienne.

– C'est drôlement pessimiste ! avait lancé Justine Godard.

Mais personne dans la classe n'était d'accord avec Justine. Un silence particulier était tombé sur nous. On y sentait de la mélancolie, mais aussi un réconfort. Ainsi, c'était normal, c'était écrit. Je m'étais rendu compte tout à coup que j'avais dû être cruel avec Isabelle Gautier, qui m'invitait toujours à aller avec elle au théâtre des Deux-Rives. Elle était plutôt mignonne, et vraiment sympa, mais elle m'agaçait un peu – elle m'agaçait parce qu'elle avait envie de sortir avec moi. Et puis je ne voyais que Sylvie, qui ne me voyait pas, qui voyait juste en moi un vieux copain avec lequel on fait la route, pas tous les jours, simplement parce qu'on a quelques souvenirs d'école en commun, quelques exos de Maths à espérer, quelques matchs des Dragons Rouges où on ne s'entend même plus crier. Un peu trop jolie, oui, mais ce n'était pas tout. Marcel Proust m'avait fait comprendre l'essentiel, tout à coup. Sylvie ne pouvait pas ne pas avoir senti le poids de mes regards, quand je l'observais à la dérobée, pendant les cours. Elle avait été forcément traversée par les ondes de ma propre gêne, quand nous rentrions ensemble du collège. Bien sûr, je ne lui avais pas dit que je l'aimais. Mais elle redoutait cet aveu, et tâchait de me dissuader de le faire en fuyant à l'avance.

25, rue Danguillaume. Un vrai coupe-gorge. L'immeuble avait dû être en partie incendié. Des traces noirâtres encadraient les fenêtres, aux carreaux presque tous cassés. Un écriteau interdisait l'entrée «sous peine de poursuites judiciaires», mais cette menace paraissait bien dérisoire. Nous voulions nous cacher quelque part de l'autre côté de la rue, pour guetter un éventuel va-et-vient au 25. Dans l'entrée d'une première cage d'escalier, nous bousculâmes les silhouettes de deux SDF allongés, invisibles dans l'obscurité, qui nous effrayèrent par leurs bredouillements hostiles. Le deuxième bâtiment fut le bon. En enjambant l'appui d'une fenêtre, au rez-de-chaussée, nous pûmes pénétrer dans ce qui avait dû être une cuisine. Le sol était jonché de gravats, une insupportable odeur d'urine imprégnait le lino à moitié arraché, mais on pouvait sans risque apparent lorgner en direction du 25.

Il fallait avoir le cœur bien accroché pour rester là. En temps normal, je me serais enfui sans demander mon reste. De temps en temps, des vociférations montaient çà et là de tous les lieux en apparence abandonnés, et de longs cris de colère, ou de souffrance.

Combien de temps sommes-nous restés là, frissonnant de froid et de peur, échangeant quelques chuchotements furtifs avant de replonger dans un mutisme désolé ? Le demi-jour fit bientôt place à la nuit de novembre commençante. Quelques néons blafards s'allumèrent, quelques quinquets vacillants. Qu'y avait-il à espérer, au bout de cette veille lancinante ? Je ne pouvais demander à Sylvie de pénétrer avec moi au 25, le risque était trop grand pour elle. Et quant à l'abandonner dans la cuisine délabrée...

Tout à coup, Sylvie me saisit violemment par le bras, et me repoussa en arrière. Au lieu de poursuivre sa route, une voiture s'était arrêtée, effectuant une manœuvre à quelques mètres de nous. Le double faisceau des phares éclaira brutalement les murs lépreux de notre repaire. Nous n'eûmes que le temps de nous plaquer à terre. Les phares s'éteignirent. Les portières claquèrent. En me redressant, j'aperçus la silhouette d'une voiture de sport, BMW ou Mercedes, je ne m'y connais guère. Deux jeunes hommes longilignes échangeaient dans le crachin nocturne des propos qui nous semblèrent d'abord bien mystérieux :

– T'as d'la blanche ?

– Qu'est-ce que tu crois ? J'suis pas allé aux courses pour acheter des oranges.

– Tu vas lui en filer ?

– Sûr. On va pas le laisser crever comme ça ce soir. J'ai dû forcer un peu sur les premières doses.

– Et après ?

– Après, il se démerdera. On n'est pas là pour faire la charité. Il sera bien obligé de dealer pour nous.

Au fur et à mesure que nous pénétrions le sens de la conversation, l'horreur et l'espoir se mêlaient en nous. L'une des deux voix était celle de Santerne. Celui dont ils parlaient ne pouvait être qu'Antoine. L'espoir : Antoine était vivant. L'horreur : on lui avait fait consommer de la drogue en abondance, au point de mettre sa vie en péril. Combien je regrettais à présent notre manque d'audace ! Si nous n'avions pas attendu, nous aurions eu une chance de trouver Antoine seul, et peut-être de réussir à l'entraîner hors de sa tanière, avant le retour de ses nouveaux « amis ». Comme je formulais ma déception, Sylvie me souffla :

– Mais tu n'y penses pas ! S'ils lui ont fait prendre de l'héroïne, il est probablement en manque, à l'heure qu'il est. C'est toi qui vas lui en fournir ?

– Alors, il n'y a pas d'autre solution que de le laisser croupir ici ?

Elle haussa les épaules en signe d'impuissance. La drogue, on nous en parlait depuis la 6e. Nous connaissions par cœur le discours – toujours le même – du médecin scolaire qui venait nous faire un cours sur le sujet, la dépendance, drogues douces, drogues dures. Cette année, pour marquer notre statut d'adolescents, nous avions eu droit à un film où l'on voyait des drogués en manque se tordre de douleur en implorant leur dose de poison. Malgré tout, et malgré la facilité à se procurer un petit pétard – qui ne se vantait pas d'avoir déjà essayé ? – cela restait un monde abstrait. D'ailleurs, les adultes n'étaient pas très clairs sur le sujet. J'avais déjà entendu des sportifs connus et même des hommes politiques dire qu'ils avaient déjà fumé de l'herbe, et que cela ne tirait guère à conséquence. D'autres affirmaient au contraire que l'absorption de drogues douces faisait inexorablement basculer vers la consommation des drogues dures. Qui croire ? Avec Antoine, nous n'avions jamais parlé de tout cela – comment imaginer qu'Antoine, avec son style, son entourage, puisse être concerné ?

L'heure tournait. Sylvie ne pouvait rester là ; chez elle, on devait commencer à s'inquiéter. Pour moi, c'était un peu différent. En appelant à la maison, je tombai par chance sur Laurent qui ne trouva pas trop invraisemblable que je m'attarde chez un copain pour terminer un devoir de Maths – à dix heures, je serais rentré, promis.

– Non, implora Sylvie, je reste avec toi. Ça me fait trop peur de te laisser ici avec ces affreux.

– Tiens, tu as peur pour moi ? Intéressant, je note.

Elle haussa les épaules.

– De toute façon, c'était sûr que tout ça finirait mal.

– « Tout ça » ? Qu'est-ce que tu veux dire ?

– Écoute, ce n'est pas le moment de s'embarquer dans des discours. Mais tout ce que je peux te dire, c'est que si Antoine est là – elle désigna l'immeuble en face – ce n'est pas complètement un hasard.

Je demeurai interloqué, stupéfait de ce que Sylvie suggérait si confusément, plus stupéfait encore d'apprendre qu'elle en savait plus que moi sur Antoine. Mais je ne pouvais me résoudre à lui obéir. Impossible d'abandonner Antoine.

Impossible aussi – et cette motivation, pour moins glorieuse, comptait tout autant – de déchoir devant celle que j'aimais.

– Sylvie, rentre chez toi. Je te promets que s'ils ne bougent pas de là, dans deux heures je m'en vais.

Sentant la fermeté de ma résolution, elle se décida à s'en aller à regret. Un instant, j'eus l'impression stupide qu'elle allait m'embrasser. Mais elle se contenta de crisper la main sur mon épaule avant de s'éloigner dans le crachin.

. 9

Le froid m'engourdissait, et plus encore l'humidité qui semblait sourdre des murs sombres qui m'entouraient. À quoi bon rester là ? Ils allaient sans doute passer la nuit au 25, et je ne pourrais rien faire. Le mieux n'était-il pas de prévenir la police ? Mais si les policiers commençaient à jouer aux cow-boys en entrant dans le squat, j'imaginais mal Santerne et ses copains se laisser prendre sans réagir. Ils étaient probablement armés. Un échange de tirs dans l'obscurité pouvait être fatal pour Antoine.

En face, au troisième étage, une lumière demeurait allumée. Des éclats de voix s'échappaient par le carreau cassé de la fenêtre. Des entrechoquements de bouteilles. Des rires hystériques mêlés soudain d'imprécations, de silences, puis à nouveau de rires fous. Au fil des minutes, les plages de silence se faisaient plus longues, les rires décroissaient. Je regardai ma montre. Déjà presque neuf heures. La mort dans l'âme, je me préparai à rentrer, après cette longue traque inutile.

L'ampoule du troisième s'éteignit. Il y eut encore quelques grommellements, puis plus rien. L'alcool et la drogue avaient sans doute conjugué leurs effets pour plonger tout ce petit monde dans un sommeil de plomb. Avec une audace que je ne me connaissais guère, je me décidai à quitter mon abri. Encore tout engourdi, je me glissai avec une prudence de guetteur indien dans l'entrée du 25. Ici, la puanteur, l'humidité étaient plus prégnantes encore. Dans l'obscurité complète, je butai sur la première marche de l'escalier. J'étouffai le juron qui me vint aux lèvres. Puis, marche à marche, avec une infinie lenteur, j'entrepris l'ascension. Malgré mes précautions, le bois gémissait çà et là sous mes pieds. Alors, le cœur battant, retenant mon souffle, prêt à prendre la fuite, je demeurais aux aguets. Mais rien. Rien que ces ronflements alternés, croissant et décroissant, qui me guidaient vers le campement de la bande. J'imaginais des matelas crasseux disposés au hasard des pièces. Comment distinguer celui d'Antoine ? Comment le tirer d'une torpeur que je supposais profonde sans éveiller ses compagnons ? Et puis, me reconnaîtrait-il ? N'allait-il pas pousser un cri, refuser de me suivre ? Notre dernier contact n'avait pas été des plus tendres. Et quand bien même il aurait souhaité s'enfuir avec moi, en était-il physiquement capable ? Mon équipée était folle. Mais c'est cela qui m'enhardissait, je crois. Une ivresse me guidait, l'exaltante sensation de prendre un risque dont je me serais senti encore incapable quelques heures auparavant.

En m'approchant du palier du troisième étage, je vis peu à peu croître une faible lueur. Le seul réverbère allumé de la rue diffusait là par miracle une lumière laiteuse, exsangue, mais suffisante pour permettre de distinguer des formes, des contours – suffisante aussi pour me faire repérer, si l'un des malfrats venait à se réveiller. Mais il était trop tard pour faire demi-tour. Les portes étaient ouvertes, heureusement. Juste à mes pieds, je distinguai une silhouette couchée en chien de fusil, pelotonnée dans une couverture qui lui cachait le visage.

La chance était-elle décidément avec moi ? Je crus deviner le corps d'Antoine. J'osai tirer légèrement la couverture. À ce moment le dormeur, sans se réveiller, poussa un grognement réprobateur avant de se retourner sur l'autre flanc. C'était Santerne ! Une bouffée de chaleur me parcourut, et je faillis prendre la fuite. Mais non. Il ne serait pas dit que j'avais fait tout ce parcours en vain. Il ne serait pas dit que je reviendrais à Sylvie porteur du seul aveu de ma lâcheté et de mon impuissance. Malgré ma terreur, j'enjambai le matelas. Cette fois, contre la fenêtre, le doute n'était plus possible. Antoine était là, couché sur le dos, les bras écartés, abandonné dans une étonnante posture confiante, comme un enfant endormi au coin d'un sofa, à la fin d'une fête familiale. Je le secouai, d'abord tout doucement, puis, devant son inertie, un peu plus rudement. Il finit par ouvrir les yeux. Me reconnut-il ? Je crois qu'il fut sur le point de crier, mais je lui posai fermement la main sur la bouche, horrifié à l'idée de ce qui se passerait s'il se révoltait. Mais il se laissait réveiller, pousser hors de sa couche. La docilité dont il faisait preuve tenait-elle à un état comateux, ou à son désir d'échapper à l'univers dans lequel il s'était laissé glisser ? Je ne possédais pas alors la réponse, tandis que j'accrochais son bras à mon épaule, l'aidais à se soulever.

Le franchissement du matelas où ronflait Santerne fut homérique. Il me fallut soulever Antoine de terre. Malgré un effort surhumain, je ne pus empêcher les pieds d'Antoine de heurter les jambes de Santerne. Je crus ma dernière heure arrivée quand je vis ce dernier se démener brutalement avec un long bourdonnement de colère. Mais à mon grand soulagement, il ne se réveilla pas complètement, et finit par se rencoigner contre le mur.

La suite, descente de l'escalier, lente progression dans les ruelles rouennaises désertes, ne fut pas une partie de plaisir, mais Antoine retrouvait au fil des minutes une marche moins hésitante, la pression de son corps sur mon épaule s'allégeait. Avec quelle fierté je finis par atteindre avec lui la rue du Champ-des-Oiseaux, tirai la sonnette! Mme Desmonts, comme si elle n'attendait qu'un signe du dehors, dégringola les marches du perron, et bientôt tout en larmes nous embrassa, Antoine et moi. Dans la maison tout à coup réveillée, pendant que M. Desmonts asseyait Antoine sur le canapé du salon avec une sollicitude inquiète, je fus pendant quelques minutes une sorte de héros. Mais il était presque onze heures, et je dus m'en tenir à quelques explications furtives dans le couloir, avant de filer chez moi aussi vite que mes jambes flageolantes me le permettaient – non merci, monsieur Desmonts, ne sortez pas votre voiture, Antoine a besoin de vous.

Oui, un peu comme un héros. Si j'avais su…

. 10

La clinique est entourée d'un joli parc, sur les hauteurs de Rouen. Plusieurs petits pavillons. Les dernières feuilles des vignes vierges finissent de se recroqueviller sur les murs, les bruns passent au mauve.

– Au printemps, l'endroit doit être ravissant!

Mme Desmonts dit cela avec cet enjouement qu'elle essaie de garder au chevet d'Antoine. Tout à l'heure, dans le couloir, elle m'a soufflé:

– On lui donne de la métadone, pour le sevrer. Mais il a encore des moments difficiles.

Antoine a les yeux creux, le teint cireux. Il fait plutôt bonne figure par ailleurs, mais paraît soulagé quand sa mère finit par lancer:

– Je vais vous laisser entre garçons ! On aime bien sa vieille maman, mais les copains, c'est quand même autre chose !

Antoine et moi poussons le même petit murmure de désapprobation polie, qu'elle arrête d'un geste.

– Teuteuteut ! Je sais ce que c'est !

C'est cela qui est dur, avec les adultes. Même quand ils veulent être gentils – ma mère irait peut-être jusqu'à dire « être cool », mais Mme Desmonts ne pourrait pas, c'est physique. Surtout quand ils veulent être gentils. Ils nous rappellent qu'ils ont connu les mêmes choses que nous, que leur vie est double, en quelque sorte, et donc supérieure à la nôtre. Pendant que la maman d'Antoine enfile son manteau, je pense pourtant qu'elle ne doit pas savoir grand-chose de l'univers dans lequel son fils s'est embarqué.

Je ne suis pas si pressé de me retrouver seul avec Antoine. Pour ses parents, je suis le bon berger qui l'a ramené au bercail, mais pour lui ? De fait, nos premiers instants seul à seul sont un peu gourds.

Son regard surprend le mien qui s'attarde sans le vouloir sur les traces de piqûres, entre son coude et le bas des manches de son tee-shirt.

– Tu sais, ce n'est pas si terrible, dit-il en me fixant longuement sans ciller. J'avais besoin de ce voyage-là, sans doute.

Comment l'interroger à ce sujet sans souligner qu'il n'a rien voulu m'en dire, à moi, son meilleur ami ? Alors un silence pesant s'installe, et c'est Antoine qui le dissipe encore :

– Est-ce que tu sais où est Grégory ?

La question ne me prend pas au dépourvu, mais elle m'agace. Pourquoi continuer à s'intéresser ainsi à celui qui a causé tout le mal ? C'est du moins ainsi que je ressens les choses. Mais il ne faut surtout rien brusquer.

– En fait, il n'a pas remis les pieds à Nicolas-Poussin. Officiellement, on ne nous a rien dit. Il paraîtrait qu'on a avancé son procès. Mais même Cindy et Déborah n'ont pas de nouvelles.

Antoine pousse un soupir. Il semble épuisé. Difficile de renouer aujourd'hui les fils qui se sont distendus. Je n'ose pas même lui demander s'il est heureux que je l'aie arraché au squat de la rue Danguillaume. Il n'en parle pas. Alors un long silence à nouveau. Plus tard peut-être… Demain, qui sait… Je noue mon écharpe, échange avec lui un regard qui essaie de remplacer un peu ce que les mots ne savent plus dire. Puis je m'en vais, songeur. En sortant de l'ascenseur, je croise sans la voir une silhouette qui m'interpelle :

– Valentin !

C'est Sylvie. Je la trouve si jolie, avec son pull à col roulé noir zippé qui rend ses yeux verts encore un peu plus slaves.

– Alors, comment est-il ?

Sous ma réponse évasive, elle devine ma déception.

– Je monte le voir, mais, avant, j'ai envie de te dire deux ou trois petites choses…

Elle lance un regard autour d'elle. Devant la cohue qui envahit le rez-de-chaussée de la clinique, elle me prend par la main, et m'attire dans le parc. Nous marchons dans les feuilles des marronniers, des châtaigniers en soufflant des petits nuages de buée.

– Je ne savais pas trop comment te dire ça, me confie enfin Sylvie. Mais ne te monte pas trop la tête avec Santerne. Bien sûr que Grégory est responsable, pour Antoine. Mais il n'avait pas attendu la bande de Santerne pour disjoncter.

– Mais comment peux-tu me dire ça à moi? Tous les jours, nous passions des heures à discuter dans sa chambre. Je lui confiais tout. Même…

Est-ce Sylvie qui m'interrompt, ou moi qui n'ose pas poursuivre? Elle a deviné en tout cas que j'étais sur le point de parler d'elle.

– Eh bien lui, il ne te confiait pas tout.

Et comme je secoue la tête en signe de détresse, elle reprend:

– Oh, ça ne veut pas dire qu'il n'était pas ton ami. Mais justement. Il me disait que tu avais une telle image de sa famille, de sa vie, qu'il ne pouvait pas te dire jusqu'où allait son mal de vivre.

Et sans pouvoir cacher mon amertume, je l'interroge:

– Et puisque tu avais cet honneur, on peut savoir quel genre de confidences ?

Elle remonte le col de son pull sur son visage, mais ses paroles ainsi voilées restent bien trop distinctes :

– Il en avait marre de tout, en fait. De sa famille, surtout. De la pression qu'il avait avec les résultats scolaires de son frère, de sa sœur, les comparaisons permanentes. Son père était plus que dur avec ça, tu le sais. Sa mère l'appelait « mon petit canard boiteux » en lui passant la main dans les cheveux, tu le sais aussi. C'était plutôt gentil, mais il en avait plus qu'assez d'être le petit canard boiteux. Ce que tu sais moins, parce qu'il aurait trouvé ça indécent de dire ça trop souvent devant toi, c'est qu'il étouffait complètement à cause de ce qu'il appelait son style bourge. Il me disait qu'il n'avait pas envie de jouer les rebelles à deux balles, comme certains que tu connais, juste en se faisant quelques piercings ou en se teignant une mèche pour se donner une autre personnalité. « De toute façon, je n'ai pas d'autre personnalité. Je suis un bourge de chez Bourge, je sens le sang de bourge qui coule dans mes veines, et c'est pour la vie. » Voilà le genre de chose qu'il disait. Il ne supportait pas son visage, son sourire, sa façon de parler. Il se détestait.

Je n'enfonce plus mes pas dans les feuilles.

– Et tu crois qu'il prenait du shit ?

– Tu parles ! Du shit, oui, et déjà parfois plus que du shit. Santerne n'a pas eu besoin de chercher longtemps pour trouver un client.

– Mais comment il faisait ?

– Ça c'est moins clair pour moi. Mais quand on veut du fric, on en trouve.

– Et tu… tu ne crois pas qu'il en remettait un peu par rapport à toi ?

– Tu me demandes s'il était amoureux de moi ? Eh bien oui, je crois, même si c'était une façon assez étrange de me le faire comprendre.

– Et toi ?

– Quoi, moi ? Tu le sais, comment on fait pour savoir si on aime quelqu'un ?

Et cette fois, je ne me trompe pas. Elle a posé ses lèvres à l'odeur de laine et de brouillard sur les miennes avant de filer vers la clinique. Est-ce une illusion, ou ai-je vu la silhouette d'Antoine derrière une fenêtre sombre du troisième étage, en relevant la tête ?

. 11

Là commencèrent les jours les plus heureux de mon adolescence, si intenses et si brefs. Je crois pouvoir les compter sur les doigts des deux mains. La ville avait pris ses couleurs de Noël, et cette lumière lui allait bien – cette ombre aussi où nous nous embrassions, Sylvie et moi, dans les recoins de l'aître Saint-Maclou, les ruelles biscornues qui longeaient la cathédrale. Nous passions voir Antoine à la clinique, ensemble quelquefois, mais plus souvent séparés – notre complicité devait émettre des ondes perceptibles.

Il allait mieux. Parfois il me parlait de ses problèmes comme d'un monde lointain, enfoui. Jamais plus il ne me posa de questions sur Grégory.

J'essayais même de lui dire qu'il se faisait des illusions sur lui, sur l'impression qu'il donnait aux autres. Il avait l'air de m'approuver. Il allait mieux...

Bientôt il nous annonça la date où il devait sortir de la clinique. Ses parents le ramèneraient chez lui le matin. Avec Sylvie, nous avions préparé une fête secrète pour ce soir-là, plein de copains. Bien sûr, il faudrait lui cacher notre amour, au moins les premiers temps, et puis on verrait bien...

Je la connais par cœur, la petite grille de la rue du Champ-des-Oiseaux, avec sa cloche fêlée, les marches de guingois juste au-dessus, les lampes basses allumées dans le salon. Je la connais par cœur, mais c'est ce soir-là que je la revois, imprimée à jamais dans ma tête. Avec Sylvie, nous arrivons tout essoufflés, les bras pleins de décorations, de cadeaux. Nous réprimons un fou rire avant de tirer la sonnette. Mme Desmonts n'a même pas l'air accablé. Absente. Elle traverse le perron comme une somnambule, descend la première marche, s'arrête, et d'une voix parfaitement timbrée:

– Antoine est mort d'une overdose.

. 12

«Vous vous connaissez vraiment, dans vos collèges, maintenant.» Décidément mon père n'en ratait jamais une. Et Antoine: «J'avais besoin de ce voyage-là, sans doute.» Je fais défiler des petites phrases en moi. Mauvais dialogues, mauvais film, pas de musique. Sylvie est redevenue si doucement, si cruellement lointaine. Nous ne nous sommes jamais autant aimés, et nous ne nous aimerons plus.

Personne n'a jamais aimé Antoine comme il l'aurait fallu. Responsable? Oui. Je suis sûr que c'était lui, derrière la vitre, au troisième étage de la clinique. Responsable de son silence aussi. Responsable Valentin. Responsable Sylvie, et les parents d'Antoine, et Grégory. Il y a des choses lourdes. Si elles deviennent un jour légères, c'est qu'on aura trahi.

– Triste, Valentin ?

Camille m'embrasse en passant. Elle m'attend pour faire sa lettre au Père Noël.

Responsable la vie.

Loi n° 49-956
du 16 juillet 1949
sur les publications
destinées à la jeunesse
Couverture : anne catherine Boudet
P.A.O. : Françoise Pham
Imprimé en Italie
par G. Canale & C.S.p.A.
Borgaro T.se (Turin)
Dépôt légal : septembre 2005
N° d'édition : 136901

ISBN 2-07-057161-0